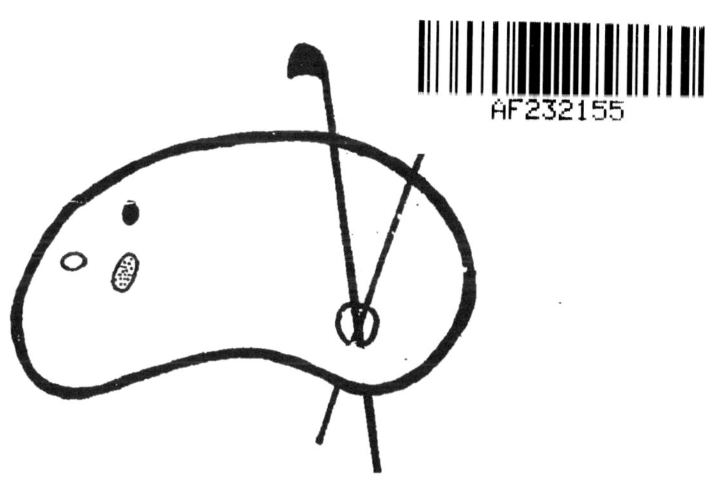

DEBUT D'UNE SERIE DE DOCUMENTS
EN COULEUR

LE
SOUDAN FRANÇAIS

PAR

M. le Capitaine d'État-Major J. ANCELLE

Attaché à la Grande-Chancellerie de la Légion d'Honneur.

Sixième Partie.

LILLE

IMPRIMERIE L. DANEL.

1888.

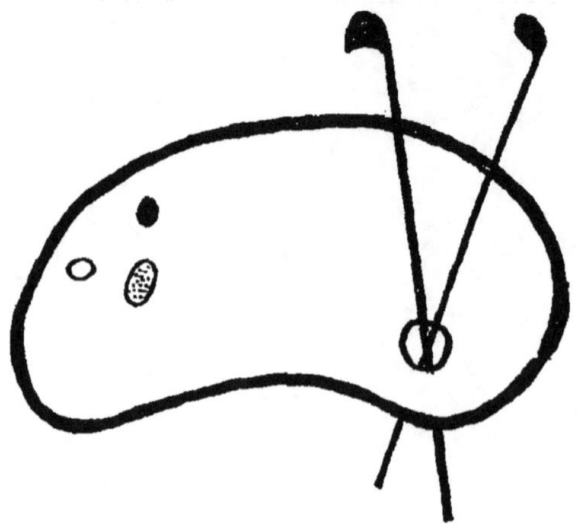

FIN D'UNE SÉRIE DE DOCUMENTS
EN COULEUR

LE SOUDAN FRANÇAIS

LE
SOUDAN FRANÇAIS

PAR

M. le Capitaine d'État-Major J. ANCELLE

Attaché à la Grande-Chancellerie de la Légion d'Honneur.

Sixième Partie.

LILLE,

IMPRIMERIE L. DANEL.

1888

LE SOUDAN FRANÇAIS

SIXIÈME PARTIE.

Le voyage de la canonnière le « *Niger* » jusqu'à Koriomé, un des ports de Tombouctou, est le fait capital de la campagne de 1887-1888 au Sénégal.

Avant de traiter ce sujet qui comporte de longs développements, tant dans son exposé même que dans ses conséquences, nous relaterons les évènements de la campagne précédente (1886-1887) postérieurs à la publication dans ce bulletin, à la date du 10 mai 1887, du travail de M. le capitaine Brosselard, et ceux de la campagne présente que les dépêches et les rapports nous ont fait connaître.

Ces deux campagnes précitées présentent une analogie complète. M. le colonel Galliéni, qui les a dirigées toutes deux, s'était donné comme première tâche de débarrasser la colonie de l'agitateur Mahmadou-Lamine.

Le résultat a été complètement et définitivement obtenu au début de cette année.

En second lieu, le colonel Galliéni a consacré tous ses efforts à réparer les désastres causés par l'insurrection de Mahmadou-Lamine, à ramener le calme et la confiance dans les pays troublés. Il a poursuivi l'amélioration des voies de communication dans le Haut-Sénégal, en même temps que par la création de nouveaux postes sur le Niger il consolidait la ligne de pénétration en l'élargissant. Samory et Ahma-

dou inspiraient encore quelques inquiétudes ; ils ont consenti à signe
des traités qui pour l'instant nous donnent satisfaction. Des officie
lancés en exploration dans différentes directions ont rapporté des rei
seignements sur des pays inconnus ou imparfaitement connus et o
agrandi le territoire soumis à l'influence de la France en nouant d
relations avec de nouveaux chefs d'État.

Les opérations militaires.

Les opérations de la campagne 1886-1887, vigoureusement co
duites, avaient eu pour résultat final l'expulsion définitive du territoir
de la colonie des deux agitateurs Mahmadou-Lamine et Saer-Maty
Tous deux avaient été rejetés sur la Gambie. Le premier, chassé d
sa place d'armes de Diana, avait gagné le Rip, où il chercha à recons
tituer son armée en recrutant des partisans. Peu de temps après
vint s'établir dans le Ouli.

Le second, serré de près par une colonne volante et sur le poi
d'être pris, avait cherché un refuge sur le territoire d'Albréda où l
Anglais le firent prisonnier.

Cette expédition contre Saer-Maty (1) devait avoir comme épilogu
un incident malheureux.

La colonne, commandée par le lieutenant-colonel Coronat, se refo
ma à Fatik sur la rivière de Saloum, après la pointe audacieuse poussé
jusqu'à la frontière du territoire d'Albréda, puis se disloqua à nou
veau pour rentrer à Saint-Louis. L'infanterie fut embarquée sur le
avisos et transportée par mer. Les hommes de l'artillerie et de la cava
lerie devaient, marchant réunis en une seule colonne, gagner le post
de Thiès par la voie de terre.

Mais le gouverneur du Sénégal jugea utile de faire opérer un
reconnaissance dans le Baol où, disait-on, s'étaient réfugiés quelque
dissidents du Rip. Il confia cette mission à son officier d'ordonnance
le lieutenant d'infanterie de marine Minet.

La colonne fut scindée ; les spahis, au nombre d'une quarantaine

---

(1) Voir l'année dernière *le Soudan français*, cinquième partie, par le capitain
Brosselard, et dans les Bulletins précédents, les communications qui nous ont é
faites annuellement sur le même sujet par M. le général Faidherbe, depuis l'origi
de la Société.

furent adjoints au lieutenant Minet. Le 28 mai, la petite troupe arriva, sur les confins est du Baol, devant le village de N'gapou, où on apprenait que les dissidents signalés se trouvaient réunis. Le lieutenant Minet n'hésita pas à se porter avec quelques hommes dans l'intérieur du village pour les arrêter. Mais à peine y fut il entré que les coups de feu éclatèrent de tous côtés. Le lieutenant Minet, l'interprète Abdoulaye furent tués à bout portant ; trois spahis et huit chevaux furent blessés. Les hommes restés en observation en dehors du village exécutèrent un feu nourri qui obligea les ennemis à évacuer N'gapou. Le chef du village apporta le soir, au camp des spahis, les corps du lieutenant Minet et de l'interprète Abdoulaye qui furent transportés à Saint-Louis.

Lorsque, au mois de novembre 1887, le colonel Galliéni vint prendre pour la seconde fois le commandement supérieur dans le Haut-Fleuve, la situation politique était bien meilleure qu'au début de l'année précédente.

Le Cayor, si profondément troublé en 1886 par la révolte de Samba-Laobé et la tentative d'insurrection de Lat-Dior, était alors absolument pacifié. Les luttes intestines, les compétitions qui s'étaient produites chez les Trarza à la suite de l'assassinat de leur roi Mohammed - el - Habib, avaient pris fin par le triomphe définitif de notre allié Amar-Saloum sur l'assassin Ahmed-Fall.

Comme nous l'avons dit plus haut, Ahmadou et Samory avaient accepté de signer de nouveaux traités de paix et d'amitié.

Seul, Mahmadou-Lamine, quoique très éloigné de la grande ligne des postes, était encore une menace pour la colonie. Il s'était établi dans le Ouli, État riverain de la Gambie, avait fortifié le village de Toubakouta, et, à la tête de deux mille fanatiques, livrait des combats continuels à nos alliés du Boudou et du Ouli.

Une victoire décisive remportée sur ces derniers pouvait lui rendre son prestige bien affaibli depuis ses défaites successives devant Bakel à Tamboukhané, à Manael, à Kydira, à Sénoudébou et surtout depuis sa fuite de Diana.

Le colonel Galliéni, dès son arrivée à Bakel, décida de ne pas attendre cet évènement et d'aller attaquer Mahmadou-Lamine dans son tata de Toubakouta.

Cette mission fut dévolue au capitaine Fortin, de l'artillerie de marine. Celui-ci occupait depuis plusieurs mois, avec une petite garnison, le village de Bani, dans le Bondou, afin de s'opposer préci-

sément à une nouvelle tentative de Mahmadou-Lamine sur le Bondou
et nos postes de la Falemé et du Haut-Sénégal.

Le 25 novembre 1887, le capitaine Fortin quittait Bani avec deux
compagnies de tirailleurs sénégalais et deux pièces de 80 millimètres.
Après les marches les plus pénibles à travers un pays coupé de maré-
cages et de rivières larges et profondes — il fallut jeter un pont de
40 mètres sur le Niériko — la colonne arrivait le 8 décembre, à 7 heures
du matin, devant le tata de Toubakouta. Elle s'était grossie en route
des auxiliaires du Bondou et trouvait aux abords de Toubakouta ceux
du Ouli et du Firdou.

Les pièces d'artillerie ouvrirent le feu contre le tata et, malgré la
résistance des partisans de Mahmadou-Lamine, malgré leur tir préci-
pité, la brèche était ouverte et le village enlevé par les assiégeants
vers onze heures du matin. Les tirailleurs sénégalais n'avaient éprouvé
aucune perte ; les auxiliaires comptaient une vingtaine d'hommes hors
de combat.

Les défenseurs se dispersèrent dans toutes les directions. Mahmadou - Lamine, entouré de quelques fidèles, prit la fuite du côté de la
Gambie. Mais le capitaine Fortin avait lancé à sa poursuite les auxiliaires montés. Ceux-ci atteignirent le fugitif à Lamen-Kotto, à peu de
distance de l'île de Mac-Carthy, dans la Gambie, le cernèrent et le
tuèrent. Le corps du prophète et son cheval furent rapportés au capitaine Fortin dans une pirogue.

Ainsi finit cet homme qui, moins grand et surtout moins heureux
qu'el hadj Omar, n'en avait pas moins été, un moment, un danger
sérieux pour la colonie. El hadj Omar avait régné dix-sept ans pendant lesquels il parcourut le Soudan, de Bakel à Tombouctou.
arrêté quelques mois et vaincu devant Médine par une poignée de
Français, il reprit sa course, ruinant tout sur son passage, asservissant
les peuples et fondant des empires qui subsistent encore aujourd'hui.
Mahmadou - Lamine dura à peine deux ans et demi. Il succomba autant
sous les coups des troupes régulières de la colonie que sous ceux des
nombreux alliés qui se joignirent à nous pour écraser ce fauteur de
troubles. Il ne laisse rien après lui.

La comparaison entre ces deux fortunes, si semblables à l'origine
si différentes dans leurs fins, permet d'apprécier les progrès énormes
accomplis par la France depuis trente ans au Sénégal.

De pareilles secousses pourront encore se produire, mais elles iront toujours en s'affaiblissant, et l'édifice, solidement construit, n'a plus à les redouter.

Pendant qu'avait lieu cette expédition contre Mahmadou-Lamme, le colonel Galliéni organisait à Kayes, qui est le grand magasin du Haut-Fleuve, la colonne de ravitaillement des postes du Haut-Niger.

Durant la période des hautes eaux, du 15 août au 30 septembre 1887, neuf vapeurs de 500 à 1,200 tonneaux avaient transporté à Kayes le matériel destiné au chemin de fer et les objets d'alimentation. Il ne restait plus qu'à les distribuer dans les différents postes jusqu'à Bammakou.

La colonne, très forte — environ 1,500 hommes et une batterie d'artillerie — accomplit cette opération sans avoir à tirer un coup de fusil.

Deux détachements furent formés. Le premier, sous le commandement du chef de bataillon Vallière, fit une incursion dans le Petit-Bélédougou jusqu'à hauteur de N'Yamina. On signalait, en effet, dans ce pays, un commencement de fermentation. Le traité récemment conclu avec Ahmadou inquiétait les Bambara qui craignaient de payer les frais de la paix et d'être sacrifiés à leur ennemi, au sultan de Ségou. De là, un certain mécontentement, dont les véritables auteurs étaient des émissaires d'Ahmadou lui-même, mécontentement exploité en outre par quelques chefs qui espéraient en tirer parti en vue de la satisfaction de leur ambition personnelle.

Les difficultés furent rapidement et pacifiquement aplanies, toutes les défiances dissipées. Le commandant Vallière fit comprendre aux chefs bambara réunis à Daba que le traité conclu avec Ahmadou ne visait que les relations commerciales dans les escales du fleuve ; qu'ils ne devaient aucunement en prendre ombrage, car ce traité, loin d'accroître le pouvoir d'Ahmadou et d'être une menace pour ses ennemis, était la reconnaissance, par le chef toucouleur, de la puissance de la France, qui n'abandonnerait jamais les Bambara, ses alliés naturels et toujours fidèles.

Le commandant Vallière revint à Bammakou, d'où il se dirigea ensuite sur Kangaba pour surveiller de près les agissements de Farba, le chef d'un village de la rive droite, qui cherchait à soulever contre notre autorité les populations de la rive gauche.

Farba continuant malgré les remontrances du commandant Vallière à prêcher la révolte, la petite colonne traversa le Niger, entra sans résistance dans le tata de Minandougou-Farba et transporta sur la rive gauche les habitants des villages hostiles.

Le colonel Galliéni s'était réservé le commandement du détachement le plus important qni de Kita se dirigea sur Siguiri où il arriva le 23 janvier.

Siguiri, situé au confluent du Niger et du Tankisso , était un emplacement désigné pour recevoir un poste fortifié. De la sorte, nous posséderons dans le Haut-Sénégal et le Haut-Niger, non plus une ligne de communication mince et fragile, mais une région fortifiée, un triangle d'occupation à l'abri de toutes les attaques qu'elles viennent d'Ahmadou ou de Samory. Ce triangle a son sommet à Kita, sa base sur le Niger, constituée par les postes de Bammakou et de Siguiri ; ses côtés sont renforcés, celui de Kita-Bammakou par le poste de Kondou, celui de Kita-Siguiri par le poste de Niagassola.

Les travaux du fort commencèrent dès l'arrivée de la colonne. Des ouvriers venus de St-Louis, les troupes de la colonne et six cents manœuvres noirs fournis gratuitement par les pays voisins y coopérèrent.

Au commencement d'avril le fort était terminé, armé de deux pièces de 80ᵐᵐ, de deux pièces de 4, approvisionné de munitions et de vivres. Dès le mois de février, la ligne télégraphique de Niagassola avait été poussée jusqu'à Siguiri.

Le colonel Galliéni, laissant à la garde du nouveau fort une compagnie de tirailleurs sénégalais, a pris le 10 avril la route du retour. Il est arrivé à Bafoulabé à la fin du même mois. Pendant le mois de mai s'opérera à Kayes la concentration de toutes les troupes de la colonne qui seront alors dirigées sur Saint-Louis.

Une compagnie de tirailleurs cependant a été détachée pour une mission spéciale. De Siguiri, elle s'est dirigée sur Benty à travers le Fouta-Djallon. Nous n'avons encore aucun détail sur cette opération : nous savons seulement qu'elle s'est effectuée pacifiquement et que la compagnie est arrivée à Benty.

Les explorations en 1886-1887-1888.

Dans le cours de la campagne 1886-1887, le colonel Galliéni n'envoya pas moins de huit missions dans des directions diverses.

Le commandant Vallière, de l'infanterie de marine, qui fut le compagnon du colonel Galliéni dans le voyage à Ségou et qui depuis deux ans remplit auprès de lui les fonctions de chef d'état-major, a exposé avec détails ces explorations dans un article publié par le bulletin de la Société de géographie de Paris (1). Nous nous bornons, faute de place, à résumer ce travail.

Tout d'abord, comme il est de règle quand on fait des expéditions en pays nouveaux, des officiers des colonnes étaient spécialement chargés de la partie des reconnaissances comprenant les levers d'itinéraire, à vue et par renseignements et la réunion des notions recueillies sur le sol, les productions, les races, l'organisation politique. C'est ainsi que le Bondou, le Bambouk, le Ouli, le Diaka, le Niéri, une partie du Tenda et du Gamou, traversés par les troupes lancées à la poursuite du marabout Mahmadou-Lamine, furent explorés dans tous les sens.

Le Diallonkadougou, où règne Aguibou, un fils d'el hadj Omar, n'avait jamais été visité par un Européen. Il y avait intérêt à reconnaître ce pays et à s'assurer l'amitié d'Aguibou. Le Diallonkadougou confine, en effet, au Manding de Niagassola et au Bouré, qui, aujourd'hui, nous sont complètement soumis ; il se trouve en outre sur la ligne qui joint Kita à Timbo, la capitale du Fouta-Djallon, ligne que nous devons tendre à faire suivre par les caravanes.

M. le capitaine Oberdorf, de l'infanterie de marine, fut envoyé auprès d'Aguibou. Parti de Bontou, sur la Falémé, il traversa les états du petit Bélédougou et du Badon, coupa la Gambie en deux endroits, marcha à l'est vers la Falémé qu'il franchit à Irimalo et de là vers Dinguiray, la capitale du Diallonkadougou. Il n'alla pas jusqu'à cette ville, Aguibou se trouvant plus au nord, à Tamba. Après une entrevue très cordiale avec ce chef, le capitaine Oberdorf revint à Kita par la route la plus directe. « Ce voyage a fait déterminer la grande boucle
» de la Gambie, les cours supérieurs de la Falémé et du Bafing. Les
» cartes existantes subiront des changements notables surtout en ce qui
» concerne la Falémé. Cette rivière ne sort pas du pays de Timbo, mais
» des monts de Koy ; la rivière Téné, considérée jusqu'ici comme son
» cours supérieur est un affluent du Bafing. Il est également démontré
» maintenant, qu'on ne peut compter sur la navigabilité des grands
» affluents du Sénégal ; leurs cours présentent très en amont de beaux
» biefs larges et profonds, mais ils sont séparés par de fréquents bar-

---

(1) *Bulletin de la Société de Géographie de Paris.* 4ᵉ trimestre 1887.

» rages rocheux et des chutes importantes. Il ne peut y avoir de navi
» gation continue.

» Au point de vue de notre extension territoriale, tous les pay
» visités ont consenti des traités à l'exception du Koï ; il est vrai qu
» cette province fait partie du Fouta-Djallon dont le souverain est l
» à nous depuis le voyage du docteur Bayol (1). »

Cette année, le capitaine Oberdorf devait compléter cette bell
exploration en recherchant une route praticable entre les postes d
Haut-Fleuve et les rivières du Sud à travers le Fouta-Djallon. Il s'éta
mis en route, mais à Tombé, village du Kongadougou, situé entre l
Bafing et la Falémé, il fut arrêté par la maladie et succomba le
janvier 1888.

Pendant que M. le capitaine Oberdorf parcourait en 1887 les haut
vallées de la Gambie, de la Falémé et du Bafing, M. le lieutena
d'artillerie de marine Reichemberg reconnaissait les pays plus rappr
chés de la ligne des postes : le Bafé, le Soulou, le Kongadougou et l
Bafing qui limitent au sud le Bambouk.

La mission dont le capitaine Péroz, de l'infanterie de marine, ava
été chargée auprès de Samory, l'almamy du Ouassoulou, était surto
politique. Il importait d'obtenir la révision du traité signé l'année pr
cédente, traité qui laissait sous la dépendance de Samory le Bouré
d'autres pays de la rive gauche du Niger et du Tankisso ; c'était, pou
la sécurité des communications sur la ligne des postes, un perpétu
danger qu'il fallait écarter à tout prix.

Le capitaine Péroz traversa le Niger à la fin de janvier 1887 e
suivant la vallée du Milo, parvint jusqu'à Bissandougou, résidence d
Samory.

Après de longs pourparlers dans lesquels l'esprit retors de Samor
épuisa tous les moyens dilatoires, le traité qui fixait le Tankisso et l
Niger comme limites entre les possessions françaises et les conquête
du chef noir fut enfin signé le 23 avril 1887.

Outre ce traité avantageux, M. Péroz rapportait de son voyage de
notes très intéressantes sur l'histoire de Samory et la formation d
l'empire du Ouassoulou (2).

---

(1) *Bulletin de la Société de Géographie de Paris.* 4e trimestre 1887. — Noti
géograpnique sur le Soudan français, par le commandant Vallière, p. 496.

(2) *Id.* Notice géographique sur le Soudan français, p. 503 et suiv

M. Liotart, aide-pharmacien de la marine, exécuta dans le Gangaran, le Gadougou, le Manding et le Bouré, pays déjà parcourus, une exploration plus spécialement scientifique. Il avait pour tâche d'étudier la flore et la constitution géologique de ces régions comprises dans les bassins du Bafing, du Bakhoy, du Tankisso et du Niger. Il a reconnu la présence de l'or dans tout le Bouré et dit que les indigènes retirent de 0 gr. 50 à 2 gr. d'or par 10 kilogrammes de terre travaillée.

Le docteur Tautain, commandant du poste de Bammakou, et le lieutenant Quiquandon visitèrent le petit et le grand Bélédougou et s'élevèrent dans le nord jusqu'à Goumbou.

Reprenant l'itinéraire suivi en 1883 par le docteur Bayol, ils passèrent par Nossombougou, Nonkô, Koumi, Damfa et Mourdia, village où s'était arrêté M. Bayol. De là, ils gagnèrent Ségala, puis Sokolo, la Kala des Arabes, visité par Lenz en 1880 et enfin Goumbou, auquel Lenz donnait 20,000 habitants et qui en réalité n'en a que 1,500. Le docteur Tautain et le lieutenant Quiquandon abandonnèrent leur premier projet de se rendre à Gardio, résidence d'Abidin, et au lac Deboe. Il aurait fallu traverser des territoires parcourus par les Touareg et les dispositions hostiles de ceux-ci n'étaient pas douteuses. Les explorateurs revinrent à Bammakou par N'Yamiua, ayant parcouru environ 1,200 kilomètres.

M. Binger, lieutenant d'infanterie de marine, avait reçu du gouvernement une mission spéciale d'exploration dans les pays situés au-delà du Niger. Parti de Bammakou le 30 juin 1887 il avait dû y revenir six semaines après pour attendre de Samory l'autorisation de traverser ses états. Cette autorisation étant enfin parvenue, M. Binger franchit le nouveau le Niger, pénétra dans le Ouassoulou, et alla visiter Samory qui assiégeait alors Sikasso, défendu par Tiéba, le chef du Canadougou; puis il s'enfonça dans l'est.

Au mois de février dernier, le bruit courait dans les postes du Niger que le lieutenant Binger était mort dans un village aux environs de Tengréra ; cette nouvelle fut démentie peu de temps après, rééditée et démentie à nouveau. Nous sommes donc encore dans l'incertitude sur le sort de cet officier et nous voulons espérer qu'il n'y a là qu'un bruit sans fondement comme il en naît et s'en propage si facilement dans le Soudan.

Dès son arrivée dans le Haut-Sénégal, au mois de novembre 1887, le colonel Galliéni a prescrit la formation de nouvelles missions d'officier en vue de continuer le travail de reconnaissance entrepris l'année précédente. Nous ne connaissons pas encore le nombre et l'objectif de toutes ces missions.

L'une d'elles, dénommée du Fouta-Djallon, suit la route Siguiri Diuguiray, Timbo où elle choisira un emplacement favorable pour établir un poste destiné à relier nos possessions du Haut-Niger avec celles des rivières du Sud. De Timbo. la mission gagnera la côte, recher chant la route la plus pratique pour mettre en communication le Fouta-Djallon avec la mer.

Comme nous l'avons dit plus haut, une compagnie de tirailleurs commandée par le capitaine Audéoud, a suivi la même route. M. le capitaine Le Chatelier, envoyé en mission spéciale dans le Sénégal pour y étudier les langues et les sectes religieuses des différentes peuplades s'est joint à cette compagnie à Siguiri et avec elle a regagné la côte à Benty.

Une autre mission, sous la direction du sous-lieutenant Levasseur partant de Toubakouta, sur la Gambie, doit revenir à Sedhiou, après un grand crochet vers les provinces nord du Fouta-Djallon.

En outre de ces missions, qui dépendent directement du Commandant supérieur du Soudan français, il faut signaler celles qui relèvent de l'initiative privée ou du Gouvernement de la Métropole.

M. Colin, ancien médecin de la Marine, qui a déjà accompli de nombreux voyages dans le Soudan, et particulièrement dans le Bambouk, est retourné dans ce dernier pays cette année.

Le but principal poursuivi par M. Colin, et qu'il a exposé au Conseil général de la colonie du Sénégal, est « de réunir des collections » scientifiques et commerciales, qui figureront à l'Exposition univer- » selle (section du Sénégal) en 1889 ; de faire le lever topographique de » tout le terrain parcouru ; de répandre l'influence de la France dans » tous les pays traversés ; enfin de créer un comptoir à Kassama, » capitale du Diébédougou, riche contrée aurifère, située vers la par- » tie moyenne du Bambouk. » Ce comptoir ne devrait pas borner ses opérations à l'achat de l'or extrait par les indigènes des nombreux puits du Bambouk ; il se livrerait à l'exploitation générale de la contrée, riche en produits divers, ivoire, caoutchouc, soie, graines, bois de teinture, etc.

M. le capitaine Brosselard, gendre du général Faidherbe, a été nommé Commissaire plénipotentiaire du Gouvernement français, et, à ce titre, chargé de procéder à la délimitation des possessions fran- çaises des rivières du Sud et des possessions portugaises du bassin du Rio-Géba. Le capitaine Brosselard, accompagné du lieutenant Clerc, de M. Nourry, médecin de la Marine et de M. Galibert, est arrivé à Dakar le 13 janvier 1888; il en est reparti le 26 pour Boulam, où il a rencontré le Commissaire portugais. La mission, ainsi constituée par la réunion des deux commissaires et de leur suite, a dû partir de Kakry, poste français situé près de la frontière sud des possessions portugaises, entre le Rio-Cassini et le Rio-Compony. Elle doit suivre la nouvelle frontière à déterminer : la ligne de partage des eaux entre ces deux rivières jusqu'au 16e méridien, qu'elle remontera et abandonnera en pénétrant dans le bassin de la Gambie ; elle reviendra à la côte en suivant la ligne de partage des eaux entre la Casamance et le Rio-Cacheo.

En dehors des avantages politiques qu'elle présente, cette opération aura pour conséquence de faire reconnaître des régions jusqu'ici inexplorées, et qui, desservies par de nombreuses rivières, sont appelées à un grand avenir commercial.

Les travaux dans le Haut-Fleuve : Routes; Chemin de fer de Kayes à Bafoulabé. — Organisation de marchés mensuels. — Création d'écoles. — Le Sénégal à l'Exposition universelle de 1889.

En même temps qu'il dirigeait les opérations militaires, le colonel Galliéni s'occupait des travaux de viabilité dans le Haut-Sénégal, ainsi que de questions diverses intéressant la colonie.

En particulier il faisait continuer le chemin de fer de Kayes à Bafoulabé, en utilisant comme manœuvres les indigènes fournis gratuitement par les chefs des villages environnants.

Nous ignorons encore jusqu'à quel point la ligne a été poussée, et si, comme on l'espérait, elle pourra atteindre cette année Bafoulabé (1). Un pont en fer de 75^m de long et de 16^m de hauteur a été lancé sur le Galougou, marigot situé à une centaine de kilomètres de Kayes. Après le Galougou on doit provisoirement prolonger la voie ferrée

---

(1) A la fin de mai la voie ferrée était achevée jusqu'à Bafoulabé.

en posant un Decauville, de façon à faciliter le transport du matérié
Cette voie de Decauville doit être ensuite reportée au-delà de Bafou
labé. Entre les différents postes du Haut-Sénégal on a travaillé au
routes commencées dans les campagnes précédentes et on a ouver
de nouveaux tronçons. En somme, les voies de communications sont
chaque année, améliorées, et le temps n'est pas loin, il faut l'espérer
où on pourra se rendre de Kayes à Bammakou, partie en chemin d
fer, partie dans de petites voitures traînées par des ânes ou les bœuf
du pays.

Le colonel Galliéni a fait aussi entreprendre la construction d'u
embranchement pour relier l'important centre commercial de Médine
avec la ligne de Kayes à Bafoulabé, qui en est éloignée d'environ quatr
kilomètres.

Cette mesure était énergiquement réclamée par le commerce local
et ne pouvait être différée plus longtemps. Médine est une ville où
depuis trente ans, les noirs ont l'habitude de venir s'approvisionner
elle rappelle de glorieux souvenirs historiques ; elle est en quelqu
sorte la capitale du Haut-Fleuve. On comprenait difficilement qu'ell
ait été laissée, presque de parti pris, en dehors de la voie de commu
nication rapide nouvellement établie dans la région.

L'amélioration des voies de communication dans le Haut Sénégal ;
permis de transporter plus facilement, plus rapidement, et proba
blement avec une notable économie sur l'opération analogue exécute
en 1884, les 945 colis qui composent la nouvelle canonnière démon
table « *Le Mage.* »

A la fin d'avril le tout devait être rendu à Manambougou. O
compte que la canonnière sera montée pour le 1er juillet, et qu'ell
pourra naviguer cette année. M. le lieutenant Davoust a dirigé l'opé
ration du transport et prendra le commandement de la flottille, cons
tituée par « *Le Niger*, » « *Le Mage*, » *Le Faidherbe*, » qu'o
utilisera comme embarcation remorquée en attendant qu'on la muniss
d'une machine, et les chalands, sharpee, canots construits à Bamma
kou et à Manambougou.

La prochaine campagne de navigation sur le Niger s'annonce don
comme devant se faire dans de bien meilleures conditions que l'anné
dernière.

Au point de vue commercial, la colonie, y compris le Soudan fran
çais, se trouve dans un état des plus satisfaisants ; l'organisation d
marchés mensuels dans tous les postes, depuis Médine jusqu'à Bam

makou , est une heureuse innovation, qui ne peut que contribuer à accentuer le mouvement de progrès. Les indigènes se rendent avec empressement à ces foires fixes. Les traitants , assurés de trouver des affaires à conclure, s'avancent de plus en plus dans le centre du pays. Trente traitants de Kayes ont établi , cette année , des succursales à Bafoulabé, qui, par sa situation, est appelé à un grand avenir. Nous espérons que la sécurité étant maintenant assurée sur les bords du Niger, les traitants n'hésiteront pas à se fixer à Bammakou et à Siguiri.

Le colonel Galliéni s'est également préoccupé de développer l'enseignement du français chez les noirs : dans ce but, il a prescrit d'installer des écoles dans chaque poste. Dans certains , où le local s'y prêtait , on a créé de véritables internats afin de soustraire les enfants à l'action des marabouts. Sous la surveillance du commandant du poste , ils reçoivent de moniteurs , pris parmi les sous officiers et les soldats de la garnison , les premières notions de la langue française. Les frais d'installation, d'aménagement des locaux, d'achat de livres , etc...... ., sont faits par la Société l'Alliance française , dont l'action s'étend sur le monde entier.

Il n'y a pas que dans les postes du Haut-Fleuve que ces écoles aient été fondées. M. Hübler, chef du service des Postes et Télégraphes au Sénégal , et délégué de l'Alliance française , aidé par M. Mademba-Seye , un des indigènes les plus intelligents et les plus dévoués à la cause française , poursuit avec une ardeur infatigable le même but dans les postes de la côte , dans le Saloum , la Casamance , etc. Le Conseil général de la colonie s'est associé à cette œuvre en y consacrant d'importantes subventions.

Enfin , pour terminer ce sujet , ajoutons que la colonie du Sénégal, comme toutes les autres colonies françaises , doit être représentée à l'Exposition universelle de 1889. M. Noirot, compagnon de M. Bayol, dans son voyage au Fouta-Djallon en 1881 , actuellement commandant du poste de Saldé , a été nommé délégué du Sénégal pour l'Exposition universelle. Son intention est de donner pour cadre à l'Exposition particulière du Sénégal la tour de de Saldé , autour de laquelle seront groupées des cases de tous les modèles en usage dans le Soudan. M. Noirot compte amener à Paris, pour les habiter, des représentants de toutes les races, Ouolof, Poul, Toucouleurs, Serère, Bambara, etc., qui se livreraient à leurs occupations habituelles. La tour servi-

rait de musée proprement dit où seraient exposés, avec indicatio
de leur utilisation, les produits de la colonie, ainsi que les marchandise
européennes les plus demandées par les indigènes.

Voyage d'une canounnière française de Bammakou à Tombouctou. — Situation politique des états riverains du Niger.

Celui qui, dans un siècle ou plus, écrira l'histoire du Soudan français
débutera certainement en retraçant les tentatives de pénétration ver
le centre africain dont le Sénégal, cette vieille colonie française,
été le point de départ.

Le Sénégal est en effet la porte du Soudan, la seule par laquelle o
y puisse entrer, et, quoiqu'en disent les détracteurs de toute entre
prise coloniale ou les gens à courte vue, il y a là, dans les bassins d
Niger et du lac Tchad, un nouveau monde merveilleux, une terr
presque vierge, féconde, une fourmilière humaine, des races forte
au sang pur et généreux, appelées, nous en sommes profondémer
convaincu, à jouer un jour un rôle important vis-à-vis de la vieill
Europe. La France ne peut et ne doit pas en détourner les yeux.

Nos descendants verront-ils, comme les habitants de l'Espagn
il y a huit siècles, des tribus guerrières parties des bords du Sénég;
ou du Niger franchir le détroit de Gibraltar et envahir l'Europe
Ou bien au contraire, nos petits-neveux, fuyant un sol épuisé, tro
pauvre pour les nourrir, iront-ils chercher au centre de l'Afrique l
soleil et la vie, et, s'alliant avec les noirs habitants de ces régions
formeront-ils une race régénérée, appelée à de nouvelles et haute
destinées? Si c'est encore pour nous récréation d'émettre ces hypo
thèses, c'est déjà besogne de gouvernant de les étudier, de surveille
attentivement les révolutions qui se produisent dans ces pays, et d'
préparer des solutions.

Dans l'histoire du Sénégal, qui n'est que le premier chapitre d
'histoire du Soudan, on relève déjà quelques dates caractéristique
qui marquent les grandes étapes franchies par la civilisation, s'abrita
sous les plis du drapeau français, dans sa marche en avant vei
l'Afrique intérieure.

En 1698, André Brue fonde le poste de St-Joseph de Dramané, sur le Haut-Sénégal, à 225 lieues de St-Louis.

En 1855, le gouverneur Faidherbe construit le poste de Médine, contre lequel, deux ans plus tard, vint se briser la puissance du prophète el hadj Omar.

En 1860, après une période de guerre qui établit solidement sur les bords du Sénégal l'influence française jusqu'alors contestée, le même gouverneur envoie vers l'intérieur du Soudan, dans toutes les directions, des explorateurs pour en faire la conquête scientifique.

En 1883, le colonel Borgnis-Desbordes fonde le poste de Bammakou sur le Haut-Niger.

Enfin, en 1887, le lieutenant de vaisseau Caron descend le cours du Niger, en suivant les branches orientales, sur un petit bateau à vapeur, jusqu'à Koriomé, un des ports de Tombouctou. Il revient à Manambougou, son port d'attache, par les branches occidentales, complétant ainsi la reconnaissance du grand fleuve sur un parcours de près de 500 lieues, aller et retour compris.

Cet évènement est des plus glorieux et la France a le droit de s'en enorgueillir. Quant à M. Caron, il suffit pour montrer la large part qui lui revient dans l'heureuse issue de cette difficile entreprise de citer le libellé, inséré au *Journal officiel*, qui accompagnait sa nomination de chevalier de la Légion d'honneur : « M. Caron est parvenu à con-
» duire un bâtiment au port de Tombouctou au milieu de difficultés et
» de périls sans nombre. Il a montré un courage, un sang-froid et une
» énergie dignes des plus grands éloges. »

Les lecteurs de ce Bulletin connaissent déjà les tentatives qui ont précédé ce dernier voyage. Cependant, nous ne croyons pas inutile, surtout pour les impatients, de les rappeler, afin de bien montrer ce que de pareilles entreprises exigent de précautions, de tâtonnements et de temps avant d'être menées à bonne fin.

Le programme de la pénétration au Soudan, tracé il y a près de trente ans par le gouverneur Faidherbe, venait enfin d'entrer dans la période d'exécution complète par l'occupation de Bammakou, à la suite des admirables expéditions du général Borgnis-Desbordes.

L'ancien gouverneur du Sénégal fit alors observer à M. Dislère, directeur des colonies, qu'il fallait, sans délai, envoyer un petit bateau à vapeur à Bammakou, afin de prendre en quelque sorte possession du grand fleuve. Ceci se passait en juin 1883.

Le ministre de la marine abonda dans ces vues et fit construire une

chaloupe canonnière démontable par le service des constructions
navales. Il fallut près de six mois pour la transporter de Saint-Louis à
Bammakou et trois mois pour la monter. Au mois d'août 1884, elle
flottait sur le Niger, mais quelques pièces de la machine ayant été éga-
rées sur la route de Kayes à Bammakou, elle manœuvrait mal ; de
plus, M. Froger, enseigne de vaisseau auxiliaire, qui la commandait
après avoir dirigé l'opération du transport et du montage, était tombé
gravement malade. Le voyage n'était plus possible et la canonnière
resta pendant l'hivernage de 1884 et la saison sèche de 1885 au mouillage de Koulikoro.

M. le lieutenant de vaisseau Davoust vint remplacer M. Froger,
M. le capitaine de cavalerie Delanneau, qui depuis longtemps était
dans le Haut-Niger, continua ses fonctions de commissaire du gouvernement, et le 6 septembre 1885, la canonnière réparée, quittait Koulikoro et descendait le Niger. Elle arriva à Diafarabé dans les premiers
jours d'octobre, ne put atteindre Djenné, et comme la saison était
avancée, qu'on pouvait être surpris par la baisse des eaux, le retour
fut décidé. Dans les premiers jours de novembre, on était rentré au
mouillage de Manambougou.

Dans cette campagne, la canonnière, quoique partie tardivement
de Koulikoro, s'était avancée presque jusqu'à mi-chemin de Tombouctou.

On pouvait espérer qu'en 1886, elle atteindrait enfin cette ville.

Mais à la fin de 1885, le Ministre de la marine, opposé aux tentatives de pénétration vers l'intérieur du Soudan, envoya l'ordre de
démonter la canonnière, de la mettre en magasin ou même de la
rapporter par morceaux à St-Louis, transport qui eut peut-être coûté
50,000 fr. pour un objet qui n'avait plus, à beaucoup près, cette
valeur.

Malgré les observations présentées par le général Faidherbe et les
raisons invoquées par le gouverneur du Sénégal, M. Seignac-Lesseps,
la mesure allait être exécutée quand le Ministre tomba. L'amiral Aube,
qui le remplaça, donna contre-ordre et prescrivit de faire les préparatifs
pour un nouveau voyage de la canonnière en 1886.

Des causes diverses le firent cependant encore ajourner.

Tout d'abord, M. le lieutenant de vaisseau Davoust était tombé
gravement malade et avait dû revenir en France. Son successeur,
M. le lieutenant de vaisseau Caron, n'avait pas été envoyé en temps

utile pour profiter des hautes eaux. Des projets de construction de nouvelles embarcations à Bammakou même étaient mis en avant.

Enfin, et ce fut là probablement la cause prédominante de l'ajournement, la colonie du Sénégal traversa, en 1886, une véritable crise. L'insurrection de Mahmadou-Lamine, la négociation du traité avec Samory, les appréhensions qu'inspirait la conduite assez louche d'Ahmadou, les affaires du Cayor, les évènements survenus chez les Trarza, tout semblait conspirer à détourner l'attention des rives du Niger.

On dut remettre à des temps plus calmes une entreprise aussi considérable que celle d'un voyage à Tombouctou.

A la fin de l'année 1886, le lieutenant-colonel Galliéni était nommé commandant supérieur du Soudan français. Après avoir, par une action vigoureuse, éloigné les périls qui paraissaient menacer la colonie, il put donner son attention à la préparation du voyage à Tombouctou et il remit, à cet effet, des instructions détaillées au lieutenant de vaisseau Caron.

Celui-ci commença par organiser à Bammakou un véritable chantier de construction de bateaux. Conformément à un projet étudié avec détails par le Ministère de la marine, son premier objectif était de construire sur place une coque de bateau en bois qu'on aurait munie d'une machine à vapeur apportée de France. La première partie de ce programme fut seule exécutée. Le bateau, baptisé du nom de « Mage » (1), et destiné à explorer le Niger en amont de Bammakou, fut bien lancé, mais comme les bois avaient été employés un peu verts, on eut des craintes sur sa solidité et on renonça à le pourvoir d'une machine. On préféra envoyer de nouveau, de France, un bateau complet.

M. Caron faisait en outre construire un canot sharpee et un chaland destinés à alléger la canonnière le « Niger ». Enfin, il faisait réparer cette dernière et la mettait en état d'accomplir sa grande exploration vers Tombouctou. Tous les mois de la saison sèche de 1886-1887 furent employés à ces travaux auxquels chacun se consacra avec activité et intelligence.

Le succès devait enfin couronner de si généreux efforts.

---

(1) On lui donna ensuite le nom de « Faidherbe. » Le « Mage » est la nouvelle canonnière démontable envoyée cette année à Bammakou.

Le 1ᵉʳ juillet 1887, la petite flottille, composée de la canonnière l
« *Niger* » remorquant un chaland de 10 tonneaux et un canot sharpee
quittait le mouillage de Manambougou et descendait le cours d
fleuve.

L'équipage se composait de :

M. Caron, lieutenant de vaisseau, commissaire du gouvernement
muni à ce titre de pouvoirs pour traiter et ayant reçu du commandan
supérieur des lettres pour les différents chefs et des instructions parti-
culières pour la conduite à tenir envers chacun d'eux ;

MM. Lefort, sous-lieutenant d'infanterie de marine, et Jouenne
médecin de la marine ; el hadj Abd-el-Kader ould Bakar Djébéri
l'envoyé de la Djemâ de Tombouctou, dont il serait trop long de
raconter la longue et curieuse odyssée. Disons seulement qu'il avai
quitté Bammakou dans les premiers jours d'avril, afin de précéder l
mission à Tombouctou et d'y préparer le terrain, mais qu'il était reven
peu de temps après sans donner de raisons bien valables de so
retour. M. Caron s'était décidé à l'emmener avec lui comme interprèt
d'arabe, et, à notre avis, il ne devait pas regretter cette décision.

Enfin, l'équipage se complétait de matelots et de mécaniciens européens, de noirs laptots, domestiques, et pilotes qu'on prit au cours d
voyage ; au total, 21 personnes.

Pour mieux faire ressortir les renseignements intéressants que
nous vaut la belle exploration dirigée par M. Caron, nous en divise-
rons l'exposé.

Dans la première partie, nous indiquerons l'itinéraire suivi et relaterons les principaux incidents du voyage. Dans la seconde partie
nous rendrons compte des notions recueillies sur la navigabilité d
fleuve, sur la géographie, la topographie et surtout sur la situatio
politique des États riverains du Niger.

Le 1ᵉʳ juillet 1887, jour du départ, la canonnière franchissait heurou-
sement le rapide de Toulimandio, et le lendemain, malgré un échouage
la passe de Massassian.

Le 6, le « *Niger* » quittait N'Yamina, passait devant Sama, dont l
chef Mabercano envoyait saluer le commandant Caron, le 8, devan
Ségou, où on jugeait inutile de s'arrêter, puisque Ahmadou étai
absent de sa capitale, et le 9, le bateau mouillait devant Sansanding
Le chef Kami faisait un excellent accueil à l'équipage.

Le 11 juillet, devant Noï, la canonnière était entourée de pirogues de
pêcheurs ou *bozos* qui prodiguèrent les démonstrations d'amitié

Après avoir dépassé Siranincoro et Mérou, elle arrive le 13 juillet à Diafarabé, au confluent du fleuve et de l'important bras de Diaka. De ce point, M. Caron envoie à Tidiani, chef du Macina, un courrier porteur d'une lettre lui annonçant son arrivée dans ses États.

Le lendemain 14 juillet, nos vaillants compatriotes célèbrent la fête nationale, en consacrant ce jour... au repos.

Suivant le bras principal du Niger, on passe successivement devant le marigot où deux ans auparavant M. Davoust s'était engagé pour atteindre Djenné, puis devant Koakourou, à l'entrée du vrai marigot conduisant à cette ville ; le 17 juillet, on jette l'ancre devant Mopti (Isaca de Caillé) au confluent du Niger et du Mahel-Balével, un des plus importants affluents du grand fleuve.

Pendant quatre jours, on reste en ce point, sans communication avec les Toucouleurs qui manifestent la plus grande méfiance à l'égard de l'équipage.

Le 21 juillet arrive enfin un courrier de Tidiani qui demande que le commissaire français se rende à Bandiagara.

Cette ville, résidence du chef de Macina, est située à 60 kilomètres dans l'est-sud-est de Mopti.

Le 25, M. Caron, accompagné de M. Jouenne, d'Abd-el-Kader, de Sory et d'une petite escorte, y fait son entrée. Il y reste six jours, discutant avec Tidiani les bases d'un traité de commerce et de protectorat. L'Almamy, entraîné par son entourage, pose des conditions inacceptables et le traité ne peut être conclu. En outre, Tidiani défend à la mission de se rendre à Tombouctou ; néanmoins il la laisse partir en confiant à son chef une lettre pour le commandant supérieur.

Le 6 août, la mission, réunie tout entière à bord du « *Niger*, » quitte Mopti et la canonnière remontant le courant très violent reprend la route de Diafarabé. Mais, comme au bout d'une heure on avait à peine fait deux kilomètres, M. Caron calcule que le retour à Diafarabé, impérieusement ordonné par Tidiani, demandera peut-être une vingtaine de jours ; il juge que son bateau ne pourra pas supporter un pareil accroissement de voyage et, en conséquence, il donne l'ordre de virer de bord et de se diriger sur Tombouctou.

Le 9 août, après avoir longé des rives absolument désertes depuis Mopti, la canonnière entre dans le lac Deboe et le traverse. A la sortie, elle suit la branche orientale du Niger, ou Bara-Issa, route suivie par René Caillé en 1828.

Successivement, elle passe ou mouille devant Sa (12 août) ; Faran-

goéla , très grand marché situé au débouché du marigot de Koli-K〈
(13 août); Daré Salam (14 août), où l'influence néfaste de Tidiani 〈
manifeste dans les refus persistants des Poul et des Toucouleu〈
d'entrer en relation avec la mission ; Safay (15 août), au confluent d〈
deux Niger, le Bara-Issa et l'Issa-Ber; Koirétago (17 août), d'〈
M. Caron envoie un courrier au Kiahia de Tombouctou.

Le 18 août, la canonnière tente d'accéder à Kabara ; mais le peu 〈
hauteur d'eau dans le canal artificiel qui joint ce port de Tombouct〈
avec le Niger, ne le permet pas. La canonnière « *Le Niger* » mouil〈
devant Koriomé, port et chantier de construction de pirogue〈
Elle reste sur cet emplacement jusqu'au soir du 20 août.

Pendant ces trois journées, M. Caron cherche à communiquer av〈
les habitants de Tombouctou, avec le Kiahia, avec les chefs d〈
diverses tribus de Touareg qui entourent la ville et y font la lo〈
il veut leur faire connaître ses intentions pacifiques , amicales , le b〈
de la mission , qui est tout commercial. Mais Tidiani avait envoyé d〈
courriers aux chefs Touareg et leur avait perfidement représenté 〈
mission comme venant faire la conquête de Tombouctou. M. Car〈
voit échouer tous ses efforts. Pas un délégué autorisé du Kiahia ne 〈
rend à bord ; il ne peut avoir de conversations qu'avec des dome〈
tiques , des gens sans mandat. Cependant le dernier jour, un nomm〈
Al Kounti lui apporte une lettre , *non revêtue du cachet habitue*〈
dans laquelle le Kiahia lui annonce que les habitants de Tombouct〈
et les Touareg se sont déclarés sujets du sultan du Maroc , et que〈
par conséquent , ils ne peuvent traiter directement avec les França〈
Al Kounti ajoute que cette décision a été prise à l'instigation d〈
Maures commerçants.

En outre , les dispositions des Touareg étaient manifestement ho〈
tiles. Du pont de la canonnière on les voyait se masser dans la plaine〈
avec des convois d'ânes , semblant attendre un évènement espér〈
préparé , qui ne pouvait être que le pillage de la canonnière , si un〈
occasion favorable se présentait , ou l'attaque de la mission si elle 〈
décidait à se rendre à Tombouctou.

Dans ces conditions , M. Caron prend le parti de quitter le mouillag〈
peu sûr de Koriomé , et de revenir dans le fleuve où il serait à l'ab〈
de toute attaque , puis enfin de prendre la route du retour.

Le 24 août, il est à Safay, où, laissant la branche du Niger suivie〈
l'aller, il s'engage dans la branche occidentale ou Issa-Ber. Aprè〈
Tindirma (26 août) et Arbéri , grand campement de Poul sujets d〈

Touareg (27 août), il franchit, non sans toucher, le dangereux rapide à fond de roches de Tondouforma, et arrive le 3 septembre à l'entrée du lac Deboe, à Iowarou, grand village dont il ne reste plus que des ruines.

Le 5 septembre, la canonnière, après avoir subi une violente tornade qui faillit la mettre en perdition, s'engage dans le bras de Diaka dont les rives, autrefois couvertes de villages, sont aujourd'hui désertes.

Le 14, elle dépasse le village abandonné de Penhé, ancien port de Tenenkou ; le 16, elle s'arrête devant Dia, résidence de l'almamy Mahmodou dont la réputation de sainteté a préservé son village des déprédations de Tidiani.

Le 17, on revoit Diafarabé, et, comme le dit M. Caron, on est presque dans les eaux françaises. Le voyage va pouvoir s'achever sans dangers, mais non sans peine et sans fatigues pour un équipage surmené. Les grilles du foyer sont presque hors de service ; le bois, qu'on a eu tant de peine à se procurer jusque-là, fait défaut, et, pour avancer, on brûlera le chaland ; mais on avance toujours quoique bien lentement. Le 22 septembre, à Kokri, M. Caron signe un traité de protectorat avec Boroba, chef du Monimpé, le 25 il mouille devant Sansanding, le 29 devant Ségou-Sikoro, le 2 octobre devant N'Yamina. Enfin, le 6 octobre, la canonnière épuisée jette l'ancre devant Manambougou. Le voyage est terminé. Tous sont plus ou moins fiévreux, anémiés par l'usage prolongé des conserves, exténués, mais à l'appel il ne manque qu'un seul homme, un malheureux laptot qui s'est noyé par accident à Mopti.

De cette magnifique exploration ressort un premier résultat des plus considérables, que le voyage de Caillé et les renseignements antérieurs faisaient déjà prévoir, c'est la parfaite navigabilité du Niger, de Manambougou à Tombouctou. Mais la canonnière a reconnu ce fait pour les deux branches du Niger, de Diafarabé à Safay. Le bras de Diaka et l'Issa-Ber, ce dernier indiqué sur certaines cartes sous le nom de Mayo-Dhanco, paraissent aussi praticables que les branches orientales que jusqu'à ce jour on semblait considérer comme les seules navigables.

Certes, la navigation sur ce long parcours n'a pas été exempte d'incidents de tous genres : échouages sur les bas-fonds, courants violents à remonter, rapides à franchir, etc ...., mais toutes ces difficultés pourront être facilement surmontées maintenant qu'on connait suffisamment l'hydrographie du fleuve. Il en est une dont il faudra tenir grand compte, soit dans la préparation d'un nouveau voyage avec la même canonnière, soit dans la construction des bateaux destinés à faire un service constant et régulier sur le Niger, c'est l'impossibilité, sur d'assez longs espaces, de se procurer du bois pour le chauffage de la machine. Les rapports détaillés, les croquis que rapporte M. Caron, permettront à cet égard d'établir toutes les prévisions.

Passons maintenant à l'exposé de la situation politique des états riverains du Niger. Il est indispensable que les futurs explorateurs et les traitants la connaissent bien, afin de ne pas soulever de conflits qui seraient préjudiciables au seul projet dont nous devons actuellement poursuivre la réalisation : l'ouverture de nouveaux débouchés pour notre commerce.

Cette situation, comme on va le voir, est assez compliquée et encore obscure sur bien des points,

Nous l'exposons, en prenant pour base le rapport de M. Caron, et en le complétant par les renseignements provenant de diverses sources : les rapports des missions Péroz, Binger, Oberdorf, Reichemberg, Quiquandon et Tautain, etc., etc.

Sur la rive gauche du Niger, de Siguiri, où le colonel Galliéni vient de construire un poste, jusqu'à N'Yamina, nous sommes aujourd'hui les maîtres incontestés.

De l'autre côté du fleuve s'étendent les états de Samory, l'Almamy du Ouassoulou. Au mois de mars 1887. M. le capitaine Péroz, envoyé en mission auprès de l'Almamy, lui fit signer un traité complétant et rectifiant celui conclu l'année précédente. Ce dernier traité cantonne définitivement notre ancien adversaire sur la rive droite du Tankisso et du Niger, et établit avec lui des relations amicales.

Samory est un homme de basse extraction, le fils d'un dioula de Sanankoro, petit village situé sur les rives du Milo, affluent de droite du Niger. Mais Samory est intelligent, énergique, très brave, et doué d'un certain esprit d'organisation qui lui donne sur ses congénères une supériorité incontestable. Né dans la case d'un captif, parti de rien, il est parvenu, après vingt ans de guerres heureuses, à se constituer un vaste empire auquel le capitaine Péroz donne une superficie de 360,000 kilomètres carrés (les deux tiers de la France), et une population de 1,500,000 habitants.

Cet empire, d'après M. Péroz, aurait pour limites :

A l'ouest : la république de Libéria, les possessions anglaises de Sierra-Leone ; les possessions françaises des rivières du Sud, le Fouta-Djallon ;

Au nord-onest : le Tankisso et le Niger qui le séparent des états d'Aguibou et du Soudan français ;

Au nord : les états d'Ahmadou ;

A l'est et au sud : les états d'un puissant chef noir, nommé Tiéba.

Sur ce vaste espace, les races étaient autrefois, avant les conquêtes de Samory, distribuées d'une façon assez régulière ; les Bambara habitaient au nord et à l'est ; les Malinké près des rives du Niger ; les Poul sur les limites du Fouta-Djallon ; les Soninké ou Sarrakholé dans les plaines et sur la routes des caravanes.

Mais la guerre et l'esclavage ont bouleversé cette répartition. Samory a ruiné, dévasté des régions entières, et transporté leurs habitants en d'autres lieux. La vallée du Milo, par exemple, où se trouvent Kankan (5,000 h.), et Bissandougou, la capitale de Samory (3,000 h.), est bien peuplée. M. Péroz, en la longeant sur un parcours de 150 kilomètres, a évalué la population totale des villages traversés à 20,000 âmes.

Les contrées au nord-est et à l'est, à la frontière des états d'Ahmadou et de Tiéba, sont au contraire presque désertes. Dans les villages en ruines il ne reste que quelques habitants hâves, mourant de faim ; les soldats de Samory ne trouvent plus à piller dans ces régions où règne la famine.

Du reste, les moyens employés par Samory pour établir sa domination sur les pays conquis ne diffèrent en rien de ceux des prophètes conquérants ses prédécesseurs, el hadj Omar, entre autres. Il incendie les villages, massacre les habitants, sauf ceux dont il peut tirer quelques profits en les vendant ou en les faisant travailler à ses lougans.

Il cherche à couvrir ses violences et ses crimes du manteau de la religion. Il se fait appeler Emir el Moumenim ou Commandeur des Croyants ; mais son orthodoxie est de trop fraîche date pour être sincère ; il ne faut la considérer que comme un moyen de recruter des partisans, de les fanatiser, et un prétexte pour piller sans pitié et jeter en esclavage les noirs fétichistes. Samory n'est en somme qu'un

marchand d'esclaves qui a su donner à son commerce une grand
extension.

Sa puissance, du reste, ne paraît pas avoir des bases bien solides
Déjà elle est battue en brèche par un voisin, Tiéba, le chef du Cana
dougou qui dans plusieurs rencontres aurait triomphé de son adver
saire.

Actuellement, Tiéba résiste victorieusement à Samory dans so
tata de Sikasso.

Il y a près d'un an que Samory en a commencé le siège qui dur
probablement encore. L'Almamy du Ouassoulou appelle ses meilleure
troupes devant Sikasso ; son fils Karamoko-Dioulé, qui est venu e
France en 1886, s'y trouve ; son frère Liganfali, est accouru, sur so
ordre, des frontières du Fouta-Djallon. Quatre mille de ses guerrier
sont groupés dans des diassa, sorte de redoutes palissadées, don
l'ensemble constitue un véritable camp d'investissement. Mais Tiéb
le brave, élève diassa contre diassa, et maintient énergiquement se
communications avec le centre de son empire, tandis que celles d
Samory sont très gênées.

Que celui-ci subisse un grave échec devant Sikasso et il est presqu
certain que les populations qu'il ne contient que par la terreur, qu
frémissent sous le joug, se révolteront ; les morceaux mal soudés d
cet empire se sépareront.

Il était d'un intérêt capital pour nos projets de pénétration d
rejeter Samory de l'autre côté du Niger ; il est sage d'entretenir ave
lui des relations pacifiques ; mais il serait inutile, imprudent même
de nous engager trop avec lui et surtout de compter sur un chef don
le pouvoir est menacé, et qui, en fin de compte, s'il triomphait encor
une fois, ne donnerait jamais aux populations qu'il opprime le repo
et la confiance sans lesquels les transactions commerciales sont bie
précaires.

Et puis dans le Soudan les amis de Samory, du tyran Samory comm
on le nomme, ne jouissent pas d'un très bon renom. La prétendu
amitié qui nous lie à Samory, amitié que la réception enthousiaste fait
à son fils Karamako-Dioulé est venue hautement confirmer aux yeu
des Soudanais, nous a aliéné dans le bassin du Niger bien des bonne
volontés, bien des sympathies, et a suscité contre nous des méfiance
que nous aurons du mal à dissiper,

Tiéba, le chef du Canadougou, du Menka, du Ouorodougou est encor
pour nous presque un inconnu. Son armée est composée, paraît-i

pour la plus grande partie, de Sénoufo, qui semblent appartenir à la grande famille mandingue. Tiéba s'appuyerait aussi sur les Bambara et les Poul, opprimés par Samory et les Toucouleurs. Il serait le porte-drapeau de leurs revendications. Karamako - Diara, le descendant des anciens rois Bambara du Ségou, et les Poul fidèles aux rois détrônés du Macina, recherchent son alliance et le considèrent comme le futur libérateur du Soudan.

Tiéba peut donc être l'instrument d'une révolution dans les régions que baigne le Niger. Nous devons suivre ses agissements avec la plus grande attention, afin d'être prêts, lorsque de nouveaux groupements s'opéreront, à nous assurer auprès de leurs chefs une influence prépondérante et favorable à nos projets commerciaux.

Le Guénié Kalari et le Ségou, qu'on rencontre ensuite sur la rive droite du Niger sont des pays où la race bambara est en majorité ; les Sarrahkollé y sont également en grand nombre. Les Toucouleurs ont fait la conquête du pays de Ségou en 1861 et s'y sont maintenus depuis quoiqu'ils soient en minorité. Mais leur chef, le cheikh Ahmadou, le fils et le successeur d'el hadj Omar, a quitté sa capitale Ségou - Sikoro, il y a trois ans, pour aller châtier dans Nioro son frère Mountaga révolté contre son autorité.

Antérieurement au départ d'Ahmadou la puissance des Toucouleurs avait déjà subi de rudes atteintes sur les frontières du Ségou ; depuis, la situation n'a fait qu'empirer. Madane, le fils qu'Amadou a laissé dans Ségou pour commander à sa place, n'a pas l'énergie de son père ni son esprit politique.

Il s'est enfermé dans sa capitale et, paraît-il, n'ose en sortir. Aussi les Bambara, ceux de Karamako - Diara en particulier, s'enhardissent chaque jour et viennent jusqu'aux portes de Ségou razzier les villages et brûler les récoltes.

Vaincus et opprimés en certains points, ayant su résister à toutes les attaques sur d'autres, les Bambara sont restés partout les ennemis irré-conciliables des farouches Toucouleurs qui, au nom de la religion musulmane, ont détrôné et massacré leurs rois, envahi le pays de leurs ancêtres et ont fait d'eux des esclaves.

Les Bambara du Bélédougou ont les premiers donné l'exemple d'une résistance opiniâtre. El hadj Omar n'a jamais pu les soumettre.

Leur fière attitude a encouragé leurs voisins ; le mouvement de révolte a gagné de proche en proche et notre apparition sur les rives du Niger l'a encore accentué.

Aujourd'hui, sur la rive gauche du fleuve de Bammakou à Diafarał
et sur la rive droite de Sansauding à Diafarabé, tous les Bambara
les Sarrakholé se sont rendus indépendants des Toucouleurs et n'a
tendent, disent-ils, qu'une occasion pour se ruer à l'assaut de Sége

Leurs chefs sollicitent notre concours, acceptent les alliances q
nous leur proposons. Ceux du petit et du grand Bélédougou,
N'Yamrina, Mabercano de Sama, Kami de Sansanding, N'To du Marc
bougou, Karamako-Diara et Tiéfolo son frère, Boroba du Monimp
Touman du Sarro, etc. etc., tous ont signé les traités de protector
que nous leur avons présentés, comptant sans doute y trouver la pr
messe et le gage de notre appui.

Mais s'ils sont unanimes dans leurs espérances et dans leur haine,
n'en est plus de même quand il s'agit de s'entendre et d'obéir à un ch
unique. Il existe entre eux des rivalités, des jalousies et quelquefc
une hostilité déclarée.

Karamako-Diara, le fils adoptif d'Ali, l'ancien roi bambara
Ségou détrôné par el hadj Omar, réunirait encore autour de lui
plus grand nombre de partisans ; mais N'To, un ancien captif, deve
chef d'une petite province et disposant de quelques milliers de sc
dats, refuserait de le suivre ; Touman, le chef du Sarro est en lut
ouverte contre lui depuis longtemps, etc.

Peut-être, si Ahmadou tentait de rentrer dans le Ségou, le dang
imminent que sa présence leur ferait courir les réunirait-il dans u
action commune.

L'état de choses actuel ne peut se prolonger et il semble bien qu'c
soit, également de ce côté, à la veille d'une modification profonde da
la situation perspective de tous ces chefs, de tous ces peuples qui
guettent mutuellement.

Nous devons souhaiter que cette modification s'opère au profit d
Bambara.

Jusqu'à ces dernières années, on pouvait encore préconiser la po
tique d'entente, d'alliance même avec Ahmadou, le représentant d
Toucouleurs. Il existait, en effet, à Ségou un pouvoir, une sorte
gouvernement, consacré par trente ans d'existence et qui par cons
quent semblait solidement établi. C'était là certainement une garant
de durée pour les traités à conclure.

Il est difficile de conserver encore quelque illusion à ce sujet. L'er
pire fondé par el hadj Omar est à son déclin, et les Toucouleur
quoique nous ayons fait et nous fassions, ont été et nous serons to

jours hostiles. Depuis le séjour de Mage à Ségou, jusqu'à la dernière exploration de la canonnière, leur conduite à notre égard n'a jamais varié ; la méfiance, la duplicité, l'orgueil, la haine, une haine craintive, tels sont les sentiments qu'ils ont toujours manifestés dans leurs rapports avec nos compatriotes. L'influence des préceptes du Coran en est la cause principale et il serait trompeur d'espérer une détente dans l'animosité religieuse qui enflamme les vrais croyants contre les keffirs ou infidèles.

Les Bambara présentent des caractères tout différents et qui doivent nous les faire rechercher. Ils sont fétichistes, le plus souvent réfractaires à la loi musulmane, ou, s'ils la subissent, ce sont des croyants bien tièdes. De plus, ils sont sédentaires ; ils aiment la terre, la cultivent, élèvent des troupeaux. Industrieux, ils tissent le coton, font du fer et de la poudre. Ce sont là des qualités précieuses assez rares chez les noirs. Nous avons tout intérêt à protéger leur développement et leur application Ces populations ainsi douées, si elles sont à l'abri des déprédations et des violences des pillards et des marchands d'esclaves, deviendront le noyau d'agglomérations qui iront en s'étendant progressivement. Le goût du bien-être leur viendra peu à peu ; leurs besoins s'affineront et ne pourront recevoir satisfaction qu'en s'adressant à nos traitants qui trouveront ainsi des débouchés pour les produits de la métropole.

En descendant le cours du fleuve, on entre à Diafarabé dans les états de Tidiani, l'almamy du Macina, pour n'en sortir qu'à Safay.

Tidiani vient de mourir il y a quelques mois. Mais sa mort, dont la nouvelle a été apportée par M. le lieutenant de vaisseau Caron, est encore trop récente pour que nous en connaissions les conséquences.

Son successeur serait Seïdou-Abi, neveu d'el hadj Omar, musulman fanatique qui continuera probablement les traditions de son prédécesseur. Nous donnons donc la situation politique du Macina telle qu'elle était du vivant de Tidiani, presque certain qu'elle n'a pu encore subir de changements notables.

La bataille de Saéval (1862) dans laquelle el hadj Omar, à la tête de 30,000 Toucouleurs vainquit les 50,000 Poul que commandait le vaillant Ahmadi-Ahmadou, lui livra le Macina tout entier. Il voulut pousser plus loin ses conquêtes et s'attaqua à Tombouctou Le cheikh de cette ville, Sidi Ahmed Beckay, réunit une armée et se joignit aux Poul révoltés que conduisaient Abdoul Salam et Balobo, oncles du roi Ahmadi-Ahmadou. Les alliés vinrent assiéger el hadj Omar dans Ban-

diagara, d'autres versions disent dans El Hamda Lillahi. El hadj se
voyant aux abois envoya son neveu Tidiani dans le Tombo pour y
recruter des soldats. Mais lorsque ce dernier revint avec une armée, il
était trop tard : el hadj Omar, fuyant Bandiagara, avait été tué dans
les montagnes voisines de cette ville.

Tidiani se porta contre l'armée de Sidi Ahmed Beckay, laquelle
épuisée se retira vers Tombouctou, pendant que les chefs Poul faisaient
leur soumission. Ces faits, sur lesquels nous n'avons que des renseignements incertains et souvent contradictoires en ce qui se rapporte
aux détails, se passaient vers 1864.

Depuis et jusqu'en 1880, Tidiani, qui s'était déclaré chef du Macina
lutta d'abord contre les Poul, les anciens maîtres du pays, pour asseoir
son autorité, puis ensuite contre les chefs des états voisins pour
étendre son empire.

En 1880, au moment ou Tidiani paraissait être arrivé à l'apogée de
sa puissance, cet empire comprenait :

Sur la rive gauche du Niger, le Macina proprement dit, s'étendant
de Diafarabé jusqu'au lac Deboe et à l'ouest jusque vers Sokolo ;

Entre le bras de Diaka et le Niger, le Bourgou ;

Surla rive droite, le Pondori, le Djenneri, les pays de Bandiagara et
de el Hamda Lillahi, ces deux derniers détachés de l'ancien Tombo
le Djimbala (entre le Bara Issa et le marigot de Koli-Koli), puis en
allant vers l'est, la Doventza, l'Aribinda, le Dalla, le Hombori, le
Djilgodi.

Soit une superficie évaluée à 135,000 kilomètres carrés.

Comme el hadj Omar, comme Samory, Tidiani a dépeuplé des régions
entières et en a transporté les habitants dans des provinces où il pouvait les surveiller plus facilement, à proximité de sa résidence habi-
tuelle Bandiagara. Ainsi les Bambara et les Poul qui résidaient dans le
Macina proprement dit, dans le Bourgou, qui peuplaient les nombreux
villages situés le long des rives du bras de Diaka et du Niger en aval
de Mopti, ont dû émigrer de force dans le Djimbala.

Mais la besogne du conquérant achevée, Tidiani s'était montré assez
bon prince envers les populations soumises et celles-ci jouissaient d'un
repos relatif. Il les tenait, il est vrai, sous une surveillance étroite
grâce à un système de petites garnisons toucouleures placées dans les
villes les plus importantes, à côté des percepteurs d'impôts. Il distri-
buait largement les cadeaux aux chefs indigènes qui lui étaient fidèles.
Il se montrait charitable vis-à-vis des pauvres qu'il nourrissait en

grand nombre à Bandiagara, vis-à-vis des malades, des infirmes ; il avait créé pour ces derniers un lieu d'asile, une sorte d'hôpital, dans Kaka, ville située sur les bords du Mahel Balével.

Enfin, Tidiani était un politique habile, négligeant un peu ceux de la fidélité desquels il était assuré, se montrant prodigue de largesses et de démonstrations d'amitié envers les hésitants, s'appuyant sur les faibles pour faire contrepoids aux forts, utilisant ces derniers à l'occasion pour écraser sans pitié un rebelle.

En somme, il avait su, par la force ou la ruse, maintenir dans l'obéissance les peuples de races si diverses et d'intérêts si opposés qui habitaient ses États ; les Sonrhay, les autochtones présumés de cette partie du Soudan, dans le nord et l'est ; les Touareg qui venaient faire paître leurs troupeaux dans le Doventza ; les Soninké et les Bambara au centre et à l'ouest ; les Poul, conquérants dépossédés ; les Malinké près des confins sud ; et d'autres encore.

Une des causes principales de l'incontestable puissance de Tidiani était l'autorité religieuse qu'il avait conquise dans le Soudan. Considéré comme un saint marabout dont on suivait les préceptes, il s'était créé ainsi des disciples et des partisans dévoués jusqu'au fanatisme, à Tombouctou, chez les Touareg et dans les États qui confinent à son empire à l'est et au sud, le Mochi, le Yaga, le Tombo.

Si Tidiani avait des alliés nombreux et fidèles, il avait aussi des ennemis, mais ceux-ci peu à craindre pour le moment, par suite de la faiblesse des effectifs dont ils pouvaient disposer. C'était tout d'abord les chefs Poul ouvertement révoltés et qui avaient dû quitter le territoire soumis à Tidiani : Abdoul-Salam, oncle d'Ahmadi-Ahmadou, son fils Ahmadou-Abdou et son neveu Seidou, fils de Balobo. Réfugiés avec un groupe de fidèles, au sud du Macina, dans le Tombo ou pays des Bobos, ils parvenaient à y vivre et à s'y maintenir, mais non à y recruter des soldats.

Puis Abidin, le fils du cheikh Ahmed-Beckay. Rompant avec les Touareg, dont son père était l'ami, Abidin a quitté Tombouctou en 1880 pour se mettre à la tête des anciens ennemis de sa famille, les Poul de Macina retirés dans le Fermagha. Il est en lutte ouverte avec les Tademekket qu'il a déjà battus dans deux rencontres ; il s'est également ment déclaré l'adversaire des Toucouleurs. Jeune, brave, ambitieux, heureux jusqu'à ce jour, c'est une puissance avec laquelle il faut déjà compter. Nous reparlerons plus loin de ce jeune chef que nous pourrons peut-être utilement associer à nos projets.

Il est probable qu'à la longue on aurait pu amener Tidiani à conclure
avec nous un traité sur des bases raisonnables, en le comblant de
cadeaux et en faisant miroiter à ses yeux le prestige que lui eut valu
dans le Soudan une alliance avec les Français. Mais Tidiani est mort
et son successeur est précisément celui qui, dans son entourage, se
montrait le plus mal disposé envers la mission et l'adversaire le plus
acharné du traité proposé par M. Caron.

Il est donc presque certain que nous rencontrerons, pendant longtemps encore dans le Macina, à Bandiagara, une opposition aveugle et
entêtée à nos projets d'extension commerciale vers Tombouctou.

Peut-être même le Macina va-t-il devenir le dernier boulevard de la
résistance des Toucouleurs contre l'envahissement de la civilisation
européenne. Le bruit courait en effet, dans le Soudan, que Seïdou-
Abi n'était que le remplaçant provisoire de Tidiani et que les Toucouleurs du Macina allaient appeler, pour les commander, le cheikh
Ahmadou, de Ségou.

Avec nos armes perfectionnées, notre discipline, nos procédés de
combat, il ne faudrait qu'une bien faible force pour vaincre les Toucouleurs, les chasser du Ségou et du Macina, d'autant que dans cette
lutte nous serions puissamment aidés par les peuples vaincus et opprimés qui depuis si longtemps attendent un libérateur. Mais, cette
besogne faite, il faudrait constituer de nouveaux gouvernements, et il
serait bien difficile, dans le Macina, de ne pas appeler les Poul à en
faire partie. Or, rien ne prouve que nous trouvions, dès maintenant
chez les Poul du Macina, qui sont des Musulmans aussi rigides obser-
vateurs du Coran que les Toucouleurs, des dispositions meilleures en
faveur de nos projets que chez ces derniers. Nous nous serions donc
engagés dans une aventure longue, difficile et coûteuse, sans être bien
assurés que le résultat réponde à nos espérances.

Il semble donc qu'envers le Macina nous devions nous tenir sur
l'expectative, d'autant que l'exploration faite par M. Caron a démontré
qu'il existait, pour aller à Tombouctou, une route — le bras de Diaka
et l'Issa-Ber, — permettant d'éviter les abords mêmes de Bandiagara.

Tombouctou n'est pas la capitale d'un État ni d'une province, si petit
soit-elle ; c'est une ville isolée qui n'a comme annexes que deux misé-
rables bourgades, Kabara et Koriomé, situées sur les rives du Niger
qui coule à 14 kilomètres environ de la ville.

Bâtie en plein désert, à la partie supérieure et occidentale de
l'immense boucle que dessine le Niger vers le Nord et qui pénètre si

profondément dans le Sahara, Tombouctou doit à cette situation excep-
tionnelle d'être devenue l'intermédiaire, le trait d'union naturel entre
les États du Nord de l'Afrique, les tribus errantes du Sahara, les
populations sédentaires des oasis et les pays du Soudan central.

De tous les points de l'Afrique septentrionale, depuis Saint-Louis du
Sénégal jusqu'à Tripoli de Barbarie, des caravanes convergent vers
Tombouctou, y apportant les produits de l'industrie européenne, les
draps et les cotonnades, de l'acier en barre, des armes, puis d'autres
marchandises parmi lesquelles le thé, les bougies, le tabac, le sucre
et surtout du sel recueilli principalement dans la Sebka de Taoudeni,
enfin quelques chevaux. En échange, ces caravanes remportent de
l'or, de la cire, de la gomme, des plumes d'autruche, un peu d'ivoire,
des objets en cuir travaillé et rehaussé de broderies, des gandouras et
des couvertures bleues fabriquées dans les villes du Niger : elles
traînent encore à leur suite des esclaves pour les vendre au Maroc et
dans la Tripolitaine (1). Tout cela est apporté à Tombouctou par
pirogues et par les caravanes de Maures et de Diulas qui sillonnent
tout le Soudan.

Tombouctou est donc essentiellement une ville de commerce, un
grand entrepôt, un bazar d'échange. L'industrie y est réduite au

---

(1) Dans un rapport en date du 17 mars 1887, M. Lacoste, consul de France à Mogador, donne un tableau détaillé, avec les prix, des marchandises transportées par
une caravane de 650 chameaux, de Tombouctou à Mogador.

Voici ce tableau.

Les 650 charges de chameaux se subdivisent ainsi :

40 charges de plumes d'autruches à 75 fr. le kilog (prix moyen de vente à Mogador), soit 6,000 kil. à 75 fr. le kil	450.000 fr.
85 charges d'ivoire, soit 12,750 kil. à 8 fr. le kil	102.000 »
120 peaux de girafe, soit 18,000 kil. à 0,75 cent. le kil	13.500 »
30 charges de résine aromatique, soit 4.500 kil. à 5 fr. le kil	22 500 »
20 charges d'étoffes blanches et bleues, fil et coton, fabriquées à Tombouctou, soit 3,000 kil. à 6 fr. le kil	18.000 »
35 charges de poils de chameau et de chèvre, soit 5,250 kil. à 1 fr. 50 le kil	7 875 »
225 charges de gomme arabique, soit 33,750 kil. à à 2 fr. le kil	67.500 »
45 charges de cire, soit 6,750 kil. à 2 fr. le kil	13.500 »
8.750 metkals de poudre d'or à 13 fr. 50 le metkal	118.125 »
520 esclaves vendus à raison de 200 fr. en moyenne	104 000 »
Soit un total de	917.000 fr.

tissage d'étoffes de coton. Depuis quelques années les habitan
cultivent un peu de céréales aux abords de la ville pour tâcher
suppléer à la diminution dans les arrivages de vivres qui leur vienne
des pays du Sud. Tombouctou, ville du désert, est nécessaireme
tributaire, pour l'alimentation, des régions productrices du Soudan.

Le commerce a amené dans Tombouctou la représentation et
mélange de toutes les races de l'Afrique. La majorité de la populati
fixe paraît être formée de bambara et de sonrhay, à côté desquels
rencontre des Malinké, des Soninké, des Poul, des Toucouleur
puis les descendants des Marocains qui, sous la conduite du pach
Djodar, firent, en 1588, la conquête de Tombouctou ; on les nomm
arama, rouma, rami et en bambara, *derabou*; ils sont devenus abs
lument noirs par croisements successifs. La race blanche, pure
mélangée, est représentée par les Arabes, les Maures, les Touareg
quelques juifs espagnols et marocains, etc.

Les voyageurs européens qui ont visité Tombouctou et en sont rev
nus, Caillé, Barth, Lenz, diffèrent un peu sur le chiffre de la popu
lation ; la moyenne raisonnable semble être de 12,000 habitants,
20,000 avec la population flottante, au moment de l'arrivée des grand
caravanes.

Dans ce même Bulletin parut, en mars 1885, sous la signature d
général Faidherbe, un résumé de l'histoire de Tombouctou ; la plac
nous fait défaut pour le reproduire et nous y renvoyons le lecteu
Disons seulement que, depuis 1820 environ, Tombouctou est le prix d
luttes incessantes que se livrent les Poul et les Touareg. Bien d
fois, depuis cette époque, elle a passé de la domination des uns so
celle des autres ; tous, indistinctement, frappaient sur la fortune d
habitants et sur les transactions commerciales des impôts consid
rables mais fixes et régulièrement perçus qui ne les interror
paient pas.

Aujourd'hui, les Touareg sont les maîtres de Tombouctou, seul
ment ils n'y résident pas.

Les principales tribus de ces nomades qui entourent la ville, son

Les Tademekket, fraction des Aouelliminden, les plus remuant
les plus pillards et les plus méfiants des Touareg Leur territoire
parcours est le Aoussa qui s'étend au sud-ouest de Tombouctou,
long du Niger, jusqu'à Nyafunké. Ce sont les Tademekket, conn
aussi sous le nom de Sourgou, qui, par les pillages incessants d
pirogues transportant les marchandises à Tombouctou, ont presq

fait cesser les transactions commerciales sur le Niger. Ils ont du reste été consciencieusement imités par les Toucouleurs de Tidiani et les Poul d'Abidin, opérant bien entendu chacun pour leur compte. Le chef des Tademekket est Lihouarlish ou Loo Jallissi qui est tout puissant à Tombouctou.

Les Iguilàd s'étendent entre Tombouctou et Oualata. Ils passent pour moins pillards que les précédents, mais ils n'ont aucune influence dans la ville.

La grande tribu des Aoulliminden, dont le chef Alimsar est considéré comme le grand chef des Touareg du sud-ouest du Sahara, se tient au nord du Niger et à l'est de Tombouctou. Alimsar ne s'occupe qu'indirectement des affaires de cette ville ; il y vient tous les deux ou trois ans percevoir des impôts en dehors de ceux que lui payent les autres chefs touareg.

Entre les États de Tidiani et le Niger, errent les Touareg Irreguenaten qui perçoivent des coutumes à Tombouctou, mais en payent à Tidiani comme droit de passage sur le territoire de la Doventza où ils se retirent dès le commencement de l'hivernage.

Au nord de Tombouctou, entre Araouan et Azaouad, s'étend le territoire de parcours des Berabish qui ne sont pas des Touareg, mais des Arabes fortement croisés de noirs. Les Berabish perçoivent des coutumes pour laisser passer les caravanes chargées de sel.

Nous avons très peu de renseignements sur la constitution politique intérieure, sur l'organisation municipale de Tombouctou. Nous savons seulement qu'il existait, dans cette ville, il y a quatre ans, une assemblée ou Djemâ, composée de commerçants les plus importants et les plus riches ; à sa tête, se trouvait une sorte de prévôt des marchands, de maire, portant le titre de Kiahia (1), lequel, après le vote par la Djemâ de la répartition des impôts, les percevait et payait aux Touareg les coutumes consenties. Le pouvoir du Kiahia paraissait être limité à des attributions tout à fait spéciales. Sidi Ahmed Beckay, à l'époque du passage de Barth, Abidin, son fils, les chefs des Touareg Eg-Fandagournou et son successeur Liouarlish, Tidiani même, devaient avoir une influence politique beaucoup plus grande que le Kiahia.

---

(1) Kiahia est un mot turc qui désigne une fonction militaire élevée. C'était le titre du général marocain qui conquit Tombouctou. Il s'est transmis chez ses descendants, mais en perdant complètement sa signification première.

Si en Europe l'annonce du départ et surtout de l'heureux retour d'un explorateur qui a visité Tombouctou produit une profonde sensation bien justifiée, il nous semble que l'arrivée à Paris d'un habitant de cette ville lointaine n'a pas eu, à beaucoup près, un pareil retentissement. Ce fait extraordinaire s'est produit en 1884 ; il n'a pas passé inaperçu, mais combien aujourd'hui s'en souviennent ?

Cet habitant de Tombouctou, El hadj Abd-el-Kader ould Bakar Djébéri, se disant l'envoyé du Kiahia et de la Djemâ, venait en leur nom proposer au gouvernement français d'établir des relations commerciales suivies entre le Sénégal, nos postes du Niger et sa ville natale. Il insistait beaucoup sur ce point que le *sol* n'appartenait pas au Kiahia ni à la Djemâ, et que, par conséquent, il ne pouvait être question dans le traité que du commerce et de rien autre chose. .

Il ajoutait que les notables de Tombouctou avaient refusé aux Anglais de Mogador et du cap Juby le droit de créer des lignes de caravanes à travers le Sahara et des établissements à Tombouctou ; que c'était à l'instigation des chefs des grandes caravanes, particulièrement ceux du Maroc et du Sud de l'Algérie, que la Djemâ avait consenti à dépêcher un envoyé à Saint-Louis, puis en France, pour arriver à une entente.

Les commerçants de Tombouctou cherchent évidemment, avant tout à faire du commerce. C'est avec des produits venus du Soudan, des pays qu'arrose le Niger surtout en amont, qu'ils peuvent entretenir les transactions avec les chefs des grandes caravanes qui traversent le Sahara. Or, depuis que les Touareg sont les maîtres, depuis que Tidiani règne dans le Macina, les relations avec le sud sont, sinon interrompues, du moins bien gênées. Djenné, autrefois une succursale importante de Tombouctou, aujourd'hui au pouvoir de Tidiani, n'envoie presque plus de marchandises. Les arrivages du Haut-Niger ont considérablement diminué.

Les habitants de Tombouctou et les chefs des grandes caravanes ont donc recherché le moyen de modifier cet état de choses, de revenir au temps du commerce florissant, alors que, suivant Caillé, des flottilles de soixante à quatre-vingts pirogues, jaugeant chacune plus de soixante tonneaux, se rendaient de Djenné à Tombouctou. Ils ont cru pouvoir trouver une aide dans les Français qui venaient d'occuper Bammakou, qui y lançaient une embarcation à vapeur, laquelle leur semblait propre à assurer la sécurité de navigation sur le Niger et le rouvrir à leur pirogues. De là leurs tentatives pour nous amener à Tombouctou.

A son arrivée à Koriomé, au mois d'août 1887, M. Caron, contrairement à ses espérances, voit tout le monde se retirer devant lui. El hadj Abd-el-Kader refuse de descendre à terre, exprime ses craintes, conseille à M. Caron de ne pas s'engager dans les terres et finalement pousse au retour.

Les défiances que l'on avait toujours eues envers Abd-el-Kader s'accentuent devant cette attitude en contradiction absolue avec ses déclarations. On le prend pour un imposteur ; on doute de sa mission. Sa conduite, dans ces dernières circonstances, en était au contraire la confirmation éclatante.

La situation à Tombouctou avait, en effet, complètement changé depuis qu'il en était parti en 1884. Une révolution s'y était accomplie et il venait d'en avoir connaissance.

A la fin de 1884, le Kiahia el hadj Ibrahim, qui avec son ami Bakar Djébéri, le père d'Abd-el-Kader, avait été le promoteur du projet de traité à conclure avec les Français, était mort.

Son fils, peu certain d'être appelé à lui succéder dans les fonctions de Kiahia fit alors un véritable coup d'état. Il rassembla et arma ses captifs, demanda l'appui des Touareg, chassa la Djemâ et se fit proclamer chef de Tombouctou. Il est peut-être, à l'intérieur de la ville, plus puissant que ne l'était son père, mais il est sous la dépendance absolue de Lihouarlish qui lui fait payer cher le concours donné en 1884.

Lorsque M. Caron fit connaître à Tidiani son intention d'aller à Tombouctou, celui-ci, de concert avec son entourage, s'y opposa formellement. Il y a, à ce refus, plusieurs motifs : si les Français naviguent sur le Niger et font du commerce avec Tombouctou, on ne pourra plus percevoir de droits sur les marchandises transportées, ni les confisquer. L'influence politique et religieuse de l'almamy du Macina et des Toucouleurs ne peut que subir une diminution de cette alliance. Enfin Tidiani éprouve un profond dépit d'avoir vu rejeter les conditions, du reste inacceptables, qu'il voulait faire insérer dans le traité de protectorat présenté par M. Caron.

Quoiqu'il en soit Tidiani, pour être plus certain de voir échouer nos tentatives, envoya un courrier à Lihouarlish, soi-disant pour l'éclairer sur nos intentions. Il lui représenta les Français comme des conquérants qui venaient pour prendre possession du sol, pour construire un poste à Tombouctou. La canonnière, affirmait-il, transportait à cet effet des briques et du ciment !

Il n'en fallait pas plus pour éveiller les défiances et par conséquen
l'hostilité des Touareg et même des habitants de Tombouctou. Ce
derniers durent, en outre, être habilement travaillés par les Maure:
de la tribu des Kountah à laquelle appartient la famille des Beckay
Cette tribu jouit d'une grande influence religieuse dans le Sahara e
monopolise presque complètement tout le commerce par caravane
entre Tombouctou et l'Adrar, St-Louis et Mogador par Tichit. Déjà ;
St-Louis, pendant le long séjour qu'il y fit, Abd-el-Kader se vit er
butte aux calomnies et presque aux mauvais traitements des représentants des Kountah qui prenaient ombrage des relations que l'envoyé
de Tombouctou cherchait à nouer avec les Français.

Abd-el-Kader, prévenu par un ami de son père qui était venu à bord
de la canonnière, de toutes ces intrigues, des menées des Maures
des projets des Touareg, des haines qu'on avait suscitées contre lui
refusa de descendre à terre. Il craignait pour sa vie et, par ses con-
seils très intéressés, il sauva probablement la mission d'un désastre
en parvenant à la détourner de se rendre à Tombouctou.

Quant à la nouvelle apportée par le Maure al Kounti (le Kountah
que les habitants de Tombouctou et les Touareg se déclaraient sujet:
marocains il ne faut y attacher qu'une importance secondaire. D'abor
la lettre qui contenait cette déclaration, quoique émanant du Kiahia
ne portait pas son cachet, ce qui lui enlève presque toute sa valeur. Pui:
cette détermination, en la supposant réelle, a dû être prise comme
expédient par le Kiahia, les notables, Bakar Djébéri, pour sortir d'une
situation fausse et dangereuse. Ils ont cherché à éloigner la missior
française que les Touareg se préparaient ouvertement à piller et ;
massacrer. Comme les habitants des oasis du Touat, de Figuig, dan:
des circonstances à peu près semblables, ils se sont retranchés der-
rière le sultan du Maroc; mais il est certain que si ce dernier voulait fair
acte de souverain et envoyait un ordre quelconque aux Touareg o
au Kiahia, ceux-ci n'en tiendraient aucun compte.

Il y a lieu maintenant d'examiner si l'intérêt de la politique français
dans le Soudan exige une action vigoureuse et prochaine du côté d
Tombouctou pour briser les résistances qui se sont si clairement mani-
festées l'année dernière.

Pour plusieurs raisons cela paraît inopportun.

Tout d'abord il est sage, en discutant ces questions, de réagir contr
la véritable fascination qu'exerce Tombouctou et il ne faut pas se fair

d'illusion sur son importance dans l'avenir. A notre avis, cette ville est destinée à disparaître, en tant que centre commercial, dans un avenir plus ou moins éloigné, suivant la rapidité de nos progrès dans le Soudan.

Comme il a été expliqué plus haut, son importance passée et encore actuelle tient à la configuration géographique de ces régions et aux moyens de communication dont disposent les populations qui les habitent.

Mais lorsque nous naviguerons librement sur le Niger, lorsque nous y aurons une petite flottille qui fera la police et assurera la sécurité du commerce de Bammakou à Tombouctou et même jusqu'à Boussa, c'est à Bammakou, à Ségou, à Sansanding, à Djenné, sur la branche occidentale de la grande boucle du fleuve, plus tard à Garou-Sinder, à Say, sur la branche orientale, que se traiteront les plus fortes transactions, ces points étant plus rapprochés des pays de production et de consommation. Un nouveau courant commercial s'établira. Tout ce qui transite actuellement par les caravanes du désert suivra le cours du Niger, la ligne des postes Bammakou-Médine et le Sénégal. Le grand entrepôt actuel du Soudan n'aura plus de raison d'être.

Cependant Tombouctou restera un centre d'alimentation pour les tribus touareg jusqu'au jour de leur disparition qui, pour les mêmes causes, paraît fatale ; peut-être aussi subsistera-t-elle comme foyer intellectuel, comme ville sainte où viendront étudier les talibé et se former les marabouts.

A ce compte nous ne devrons pas la négliger, mais les relations pourront s'établir pacifiquement, pourvu que nous nous gardions du péché d'impatience.

D'ailleurs une expédition de guerre contre Tombouctou, en partant de Bammakou, serait pleine de difficultés dans ses préparatifs comme dans l'exécution même. Il faudrait plus d'une dizaine d'embarcations, une véritable flottille, pour transporter cent ou deux cents soldats, il faudrait s'assurer le concours d'alliés, les Poul d'Abidin, par exemple, joindre les Touareg, gens insaisissables, les battre et, tout cela accompli, rester en force dans la ville. Car que deviendrait une petite garnison, isolée à 300 lieues du poste français le plus rapproché, si toutes les tribus nomades du Sahara et les Toucouleurs du Macina se portaient à l'attaque de Tombouctou, ville ouverte ?

Aujourd'hui, que nous possédons sur le Niger une base d'opérations

solide, la politique la plus raisonnable à suivre semble devoir être cel
de la marche lentement progressive et de la consolidation des résulta
successivement acquis.

Vouloir recommencer avec un seul bateau, aussi imparfait que
canonnière *le Niger*, une exploration comme celle exécutée en 188
et surtout la pousser plus loin encore, ce serait tenter la fortune,
serait, en cas de désastre, provoquer un arrêt de plusieurs années dar
le développement, ininterrompu depuis 1879, de l'influence françai
dans le Soudan.

Le voyage si heureusement accompli par M. Caron a grandi notr
prestige dans le bassin du Niger. « Il faut traiter avec les Français
» disait Boroba, le chef du Monimpé ; ils sont les plus forts puisqu'i
» ont échappé à Tidiani et aux Touaregs. » Craignons de compro
mettre, dans des expéditions aventureuses, cette réputation si pénibl
ment et si glorieusement acquise.

Il y aura cette année deux canonnières à Bammakou : le *Mage* et
Niger.

Elles pourront être utilement employées à croiser continuelle
ment sur le Niger, de Bammakou à Diafarabé, afin d'affirmer haute
ment, vis-à-vis des Toucouleurs de Ségou, notre droit de libr
navigation.

Partout on chercherait à nouer de nouvelles relations avec les che
de provinces et de villages, à consolider les relations ébauchées.

Si même, protégées par la canonnière, une ou deux pirogues seule
ment pour débuter suivaient, chargées de marchandises de pacotill
qu'on s'efforcerait de vendre aux indigènes, ce serait traduire par l
fait ce que nos explorateurs et nos officiers répètent incessamment
que les Français ne viennent dans le Soudan que dans l'unique but d
faire du commerce.

L'année suivante on pourrait pousser plus loin ces tentatives, e
agissant de même façon ; on essayerait de créer une nouvelle statio
pour la canonnière, à N'Yamina, à Sansanding peut-être ! On tentera
d'aller jusqu'à Mopti et dans le Mahel-Balével, à Djenné, afin de s
renseigner exactement sur la situation politique du Macina et des État
limitrophes. D'un autre côté, on gagnerait facilement Iowarou, d'où i
serait possible d'entrer en relation avec Abidin dont le tata de Gardi
n'est qu'à une journée de marche dans le nord-ouest. Suivant l'accuei
que ferait Abidin aux propositions d'entente, on règlerait la conduite
tenir ultérieurement envers le Macina et Tombouctou.

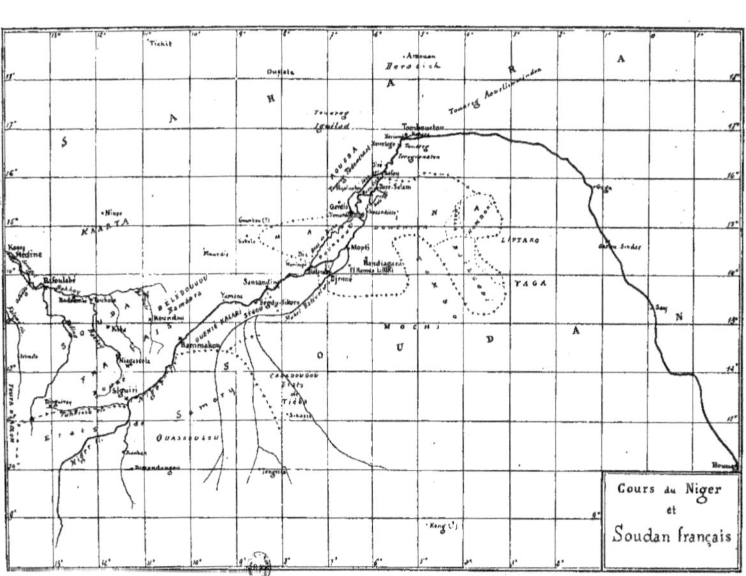

Cours du Niger
et
Soudan français

Enfin, entre temps, il faudrait continuer à Bammakou la construction de chalands et de petites embarcations à voile ; on devrait reprendre le projet de construction d'un bateau qu'on munierait d'une machine apportée de France. Il serait prudent aussi d'envoyer une nouvelle canonnière pour suppléer ou remplacer *le Niger* s'il venait à subir de grosses avaries ou à être mis hors de service.

Paris, 15 mai 1888.

Capitaine **J. ANCELLE.**

www.ingramcontent.com/pod-product-compliance
Lightning Source LLC
LaVergne TN
LVHW010333030726
842520LV00004B/1437